Nan Inger Östman

Nina und ihr kleiner Hund

Mit Bildern von Rosemarie Winklmair

Aus dem Schwedischen
von Birgitta Kicherer

Die Deutsche Bibliothek – CIP-Einheitsaufnahme

Nina und ihr kleiner Hund / Nan Inger Östmann. Ill.
von Rosemarie Winklmair. [Übers.: Birgitta Kicherer]. –
München : F. Schneider, 1995
    ISBN 3-505-10059-5

Dieses Buch wurde auf chlorfreies,
umweltfreundlich hergestelltes
Papier gedruckt.

© 1995 für die deutsche Ausgabe
by Franz Schneider Verlag GmbH
Schleißheimer Straße 267, 80809 München
Alle Rechte vorbehalten
Originaltitel: Liten men tuff
© 1988 by Raben & Sjögren Bokförlag, Stockholm
Übersetzung: Birgitta Kicherer
Titelbild und Illustrationen: Rosemarie Winklmair
Umschlaggestaltung: Heinz Kraxenberger
Lektorat: Nicola Aschenbrenner
Herstellung: Gabi Lamprecht
Satz: FIBO Lichtsatz GmbH, 16´ Garamond
Druck: Tiskarna Ljudske pravice, Ljubljana, Slowenien
ISBN: 3-505-10059-5

Jullan greift an

Ninas kleine Terrierhündin heißt
Jullan.
Wenn Jullan schläfrig ist, ist sie
einfach zu süß. Weich und
entspannt wie ein Stofftier liegt sie
neben Nina im Bett. Da muß man
sie einfach liebhaben.
Jullan liegt auf dem Rücken und
zeigt ihre weißen Zähnchen.

7

Es sieht aus, als ob sie lächelt.
Die Vorderpfoten liegen
auf der Bettdecke. Den Kopf
hat sie aufs Kissen geschoben.
Die pechschwarze Schnauze guckt
in die Luft.
Unmöglich zu glauben, daß dies
dieselbe Jullan ist, die sich am
Nachmittag wie eine kleine Wilde
gerauft hat.

Manchmal ist Jullan nämlich
schrecklich unfolgsam.
Am schlimmsten ist der
herausfordernde, freche Blick,
den sie Nina zuwirft, bevor sie
davonflitzt. Dann stellt sie sich
taub und hört nur das, was sie
hören will. Nina kann noch so
streng hinter ihr her rufen.
Jullan kommt nicht.
„Und wenn sie erst wütend ist,
schnappt sie ja fast über",
sagt Ninas Freundin Emma.

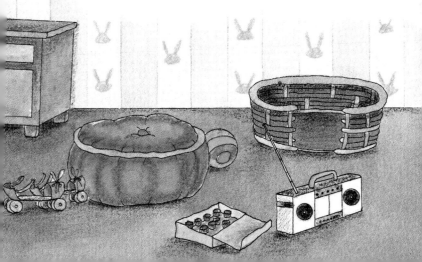

Nina schweigt. Wenn Jullan
wütend ist, scheint sie tatsächlich
den Verstand zu verlieren. Sie zieht
die Lefzen hoch. Ihr Rückenfell
sträubt sich. Der Schwanz spannt
sich in einem steifen Bogen nach
hinten. Und was für kläffende
Töne sie von sich gibt!
In solchen Augenblicken macht es
keinen Spaß, Jullans Frauchen zu
sein, da möchte Nina am liebsten
im Boden versinken!

10

Zum Glück passiert das nicht
oft. Jullan ist von Natur aus ein
friedlicher und fröhlicher kleiner
Hund. Sie liebt alle Menschen,
die großen und die kleinen.
Sie hat auch viele Hundefreunde.
Vor allem Emmas Hündin
Schnurre. Und sämtliche Hunde,
die sie kennt, seit sie ein Welpe
war.

Gegen Rüden hat sie überhaupt
nichts einzuwenden. Im Gegenteil,
sie mag Jungs.
Aber wenn eine fremde Hündin in
Jullans Revier auftaucht, kann es
passieren, daß Jullan rasend wird.
Die Größe der anderen Hündin
spielt dabei keine Rolle.

12

Genau das ist heute nachmittag
passiert. Emma und Nina saßen
vor dem Lebensmittelladen auf der
Bank. Mit geschlossenen Augen
hielten sie das Gesicht in die
Sonne und schleckten Eis. Jullan
war etwas weiter weg am Fahrrad-
ständer angebunden. Neben ihr
stand Emmas schwere Tasche mit
Mehl und Zucker.

13

Die Mädchen genossen die Sonne
und das Eis so sehr, daß sie
die anrückende Gefahr gar nicht
bemerkten. Jullans schlimmste
Feindin, eine dicke Labrador-

14

hündin kam an ihrer langen Leine
auf den Laden zugetrottet,
gefolgt von ihrem Herrchen.
Erst als sie Jullan aufheulen hörten,
begriffen die Mädchen, was los
war. Die Keilerei war bereits
in vollem Gang. Jullan hatte sich
auf den Labrador gestürzt.
Das Herrchen des Labradors hatte
es nicht geschafft, seine Hündin
zurückzuhalten. Alles war ein
einziges Durcheinander aus
blitzenden Zähnen, wirbelnden
Leibern und verwickelten Leinen.
Einmal rollte Jullan unter die große
schwarze Hündin, ein andermal
sprang sie ihr über den Rücken.
Beide Hündinnen waren
gleich rasend.

Aber im Vergleich mit der schwarzen Hunderiesin ist Jullan nicht größer als eine Katze.
Jullan mußte aus der Gefahr gerettet werden. Für sie kam Aufgeben nicht in Frage. Sie würde sich eher zu Mus zerkauen lassen. Aber Nina war hilflos. Sie hatte keine Ahnung, wie sie ihre Hände in das Gewirr aus schnappenden Kiefern stecken konnte, um Jullan zu erwischen.
Vom Herrchen der Labradorhündin kam auch keine Hilfe. Er fürchtete sich genauso sehr wie Nina.

16

Vielleicht sogar noch mehr.
Aber auf Emma ist Verlaß, wenn
eine Katastrophe droht. Plötzlich
hob Emma die schwere Einkaufs-
tasche hoch.
„Paß auf!" rief sie. „Pack Jullan an
den Hinterbeinen!"

Dann knallte sie die Tasche auf die
Hunde. Mehl und Zucker stäubten
in einer weißen Wolke über sie.
Für einen kurzen Augenblick
hörten die Hunde überrascht auf
zu kämpfen. Das genügte.
Nina erwischte Jullans gesträubten
Schwanz. Dann zerrte sie ihren
Hund hoch.

18

Jullan schnappte weiterhin wild
um sich. Sie merkte gar nicht, daß
Nina sie zu retten versuchte.
Dankbar war sie jedenfalls nicht.
Denn sie schnappte nach
Ninas Daumen. Das tat so weh,
daß Nina sie fast fallen ließ.
Endlich gelang es dem Herrchen,
die große schwarze Hündin
wegzuziehen. Er wendete nicht
einmal den Kopf, um nachzusehen,
wie es Jullan ergangen war.

Der Lärm hat natürlich alle Leute
aus dem Laden gelockt.

Nina wußte zwar, daß Jullan viele
Freunde hat, aber so viele waren es
noch nie. Die arme kleine Jullan,
die an ein solches Untier geraten
war! Alle verurteilten den Mann
und seine unmögliche Hündin.
Niemand konnte sich vorstellen,
daß die niedliche kleine Jullan
irgendwie an der Balgerei schuld
gewesen sein könnte. Niemand
außer Nina und Emma. Und die
schwiegen.

Jullan war zerzaust und am Rücken
und einem Bein verletzt. Aber sie
ließ die ganze Aufregung gelassen
über sich ergehen. Als Nina sie auf
den Boden setzte, schüttelte sie

sich bloß ein paarmal. Dann schaute sie sich interessiert um und wedelte freundlich mit dem Schwanz. Jullans Laune konnte blitzschnell wechseln.

Doch Nina wollte nichts wie fort.
Ihre Beine zitterten immer noch.
Ihr Daumen schmerzte. Wenn
jemand dahintergekommen wäre,
daß Nina von ihrem eigenen Hund
gebissen worden war – diese
Schande hätte sie nicht überlebt!

Unter dem Bett

Nina liegt wach. Sie denkt nach.
In ihrem Daumen pocht es.
Mutter hat die Wunde gesäubert
und ein Pflaster darüber geklebt.
Jullans Verletzungen sind auch
versorgt worden. Sie riecht
schwach nach Jod, als Nina ihre
Nase ins Hundefell bohrt.
Jetzt haben sie es schön gemütlich
zusammen. Keine von ihnen kann
sich vorstellen, alleine zu schlafen.

Aber Nina kann einfach nicht
einschlafen. Sie zerbricht sich
den Kopf über Jullan. Warum wird
Jullan immer dickköpfiger und
ungezogener, anstatt klüger und
ruhiger? Sie weiß doch, wie sie sich
benehmen soll. Nina hat mit ihr
bei einem Kurs mitgemacht. Dort
hat Jullan viel gelernt. Das alles
kann sie doch nicht vergessen
haben.
Vielleicht liegt es daran, daß kein

Erwachsener Jullan richtig ernst
nimmt. Sie ist ja so klein. Und so
munter und fidel. Mutter und
Vater finden Jullan manchmal
allerdings ziemlich anstrengend.
Und wenn sie etwas Dummes
anstellt, schimpfen sie auch mit
ihr. Doch dann wird Nina böse.
„Jullan ist mein Hund", sagt sie.
„Laßt sie in Ruhe!"
Immerhin nimmt Nina Jullan sehr
ernst.
Und gerade deshalb wünscht sie
sich so sehr, daß Jullan etwas
Unerhörtes vollbringen soll. Etwas,
das alle – und vor allem Emma –
in Staunen versetzt. Etwas, daß
kein Mensch von einem kleinen
Terrier erwartet hätte.

Nina malt sich aus, daß Jullan sich ins Wasser stürzt, um sie, Nina, herauszuziehen und vor dem Ertrinken zu bewahren. Oder daß sie treu an Ninas Seite bleibt und um Hilfe jault, weil Nina hingefallen ist und blutend und bewußtlos im Wald liegt. Hier daheim im Bett erscheint nichts unmöglich. Dicht an Jullans warmen kleinen Leib

geschmiegt, träumt Nina von
Jullans Heldentaten.

Einige Stunden später wacht Nina
auf, weil Jullan winselt. Jullan sitzt
auf dem Boden vor dem Bett und
hält eine Pfote hoch. Sie zittert
und sieht sehr kläglich aus.
Wenn Jullan ein seltenes Mal Angst
hat, dann hat sie gleich ganz
fürchterliche Angst. Erst begreift
Nina nicht, wovor Jullan sich
fürchtet.
„Stell dich nicht an, Jullan",
flüstert sie. „Los, hüpf rauf ins
Bett!"

27

Aber Jullan piepst wie ein
Mäuschen und schlüpft unters
Bett.
Bevor der Blitz das Zimmer erhellt,
weiß Nina, was los ist. Es dauert
lange, bis das Donnergrollen zu
hören ist. Das Gewitter ist noch
weit weg. Aber nah oder fern,
das ist Jullan egal. Sie ist halb tot
vor Angst.

Nina kann unmöglich im Bett
schlafen, wenn Jullan zitternd und
hechelnd darunter liegt. Müde
schnappt sie sich Kissen und
Decke und krabbelt damit
unters Bett.

Etwas tröstlich ist Ninas Nähe
vielleicht doch, denn Jullan leckt
sie rasch am Hals. Aber sie zittert
und hechelt weiter.

Allmählich verblassen die Blitze.
Der Donner ist verstummt. Nina
schläft ein, den Arm schützend um
Jullan gelegt.

Als sie aufwacht, liegt sie allein unter dem Bett. Steif und fröstelnd kriecht sie aus der staubigen Dunkelheit hervor. Jullan dagegen friert kein bißchen. Sie hat sich oben im Bett eine bequeme Mulde in die Kissen gewühlt. Nina muß sich mit der äußersten Bettkante begnügen.

Der Kurs

Schöne Ferien für Dich und Deinen Hund. Sechs Vormittage Intensivkurs für Gehorsam und Geschicklichkeit. Start Montag, 15.7. Ruf uns einfach an: Susie 4 40 18 oder Christian 3 74 10.

Das Plakat hängt im Supermarkt in der Stadt. Sofort als Nina zur Tür hereinkommt, sticht es ihr in die Augen. Wegen der Keilerei am Tag zuvor ist sie noch immer bedrückt. Plötzlich wird ihr klar, daß dies die Lösung ihres Problems ist.
Sie will sofort anrufen. Ihre Mutter versteht die Eile nicht, willigt aber schließlich ein.
„Ein Platz ist noch frei", sagt Susie

am anderen Ende der Leitung.
Nina und Jullan seien am Montag
morgen um neun Uhr willkommen.
Mit einer Impfbescheinigung
für Jullan und mit Proviant.
Das hat geklappt! Jetzt wird Jullan
ein wohlerzogener Hund werden.
Da wird Emma aber Augen
machen. Nina wird mit keiner
Silbe verraten, was sie mit Jullan
vorhat.

Im Geschicklichkeits-Kurs, einer
Art Hindernisspringen für Hunde,
wird Jullan der Star werden. Daran
zweifelt Nina keinen Augenblick
lang. Jullan ist doch so flink,
geschmeidig und furchtlos. Wenn
sie erst mal Gehorsam gelernt hat,
wird das alles laufen wie
geschmiert.

Nina platzt fast vor Erwartung, als
Vater sie beim Hundesportverein
absetzt. Jullan wedelt mit dem
Schwanz. Hier kennt sie sich aus.
Hier war sie schon einmal. Die
Hundeschule liebt sie über alles.
Da ist es nie langweilig.
Vier Stunden später holt Mutter
ein müdes, bedrücktes Mädchen
und eine aufgekratzte, verwirrte
Hündin ab. Zu Mutters
Verwunderung schläft Jullan
jedoch schon im Auto ein.
Sie schläft den ganzen Nachmittag.
Sie schafft es kaum, etwas
zu fressen.

„Das scheint viel Kraft gekostet zu haben", sagt Mutter. „War es denn so anstrengend?"

„Es geht", antwortet Nina. Mehr bringt Mutter nicht aus ihr heraus. Die Wahrheit über den ersten Tag verrät Nina niemandem.

36

Am liebsten würde sie vergessen,
wie schief alles gegangen ist.
Nina und Jullan waren nämlich
die schlechtesten Schüler
des ganzen Kurses.
Hoffentlich werde ich krank, denkt
Nina, dann brauche ich morgen
nicht hinzufahren. Jullan kann
gerne auch krank werden.
Ein kleiner Dämpfer würde ihr
nicht schaden.

Aber am nächsten Morgen ist Nina
gesund. Und Jullan hüpft mit
funkelnden Augen umher und
streckt den Schwanz in die Höhe.
Also bleibt nichts anderes übrig, als
mit bleischwerem Herzen ins Auto
zu klettern. Nina schweigt auf dem
ganzen Weg. Aber Jullan ist voller
Unternehmungslust und preßt
die Schnauze an die Autoscheibe,
bis das Glas ganz feucht ist.
„Wenigstens eine, die sich
auf den Kurs freut", sagt Vater
ins Schweigen hinein.
Nina tut so, als hätte sie es nicht
gehört.

Aber als Vater sie später wieder abholt, beantwortet sie wenigstens seine Fragen, wenn auch nur kurz. „Nein, bisher haben sie noch kein Hindernisspringen gemacht.

Das ist zu früh, sagt Christian.
Bisher wurde nur viel geredet.
Ich glaube nie im Leben, daß man
sich verstecken soll, damit die
Hunde einen suchen und bei einem
bleiben. Wenn Jullan einen Hasen
aufgestöbert hat, ist es ihr doch
egal, daß ich hinter einem Busch
sitze. Und den Heimweg findet sie
sowieso genauso gut wie ich.

40

Meistens sitzen wir in der Hocke
und streicheln unsere Hunde.
Und dann werden alle Pflichten
durchgenommen, die ein Hunde-
besitzer hat. Schwarze Plastiktüten
haben wir auch bekommen."
„Das klingt ja nicht besonders
spannend", meint Vater.
Nina zuckt die Schultern.
Jullan verschläft den restlichen Tag
auf der Verandatreppe. Sie sieht
nicht einmal, daß die gestromte
Katze des Nachbarn durch die
Johannisbeerbüsche streift.

Nach dem vierten Tag ist Nina
jedoch wie verwandelt. Ihr
Mundwerk steht nicht mehr still.
Der Kurs ist großartig.

Christian und Susie sind die besten
Lehrer der Welt.
„Es stimmt gar nicht, daß alle
großen Hunde folgen", erzählt
sie mit leuchtenden Augen. „Das
hat nur am Anfang so gewirkt.
Ein paar von ihnen haben auch
noch nie an so einem Kurs
teilgenommen. Die machen noch
nicht einmal ordentlich Sitz.

Das wenigstens kann Jullan. Und Christian hat gesagt, daß es viel schwieriger ist, mit kleinen Hunden Kontakt zu halten. Die sind so weit unten. Die großen kann man immer mit der Hand berühren. Dann ist es keine Kunst. Aber wenn man eine gute Körpersprache hat, schafft man es trotzdem. Man muß herumhüpfen und mit Armen und Beinen zappeln. Das finden die Hunde lustig. Aber zu lange darf

man das auch nicht machen. Dann
wird es ihnen langweilig. Darum
müssen wir auch so viel reden und
Fragen beantworten, damit die
Hunde sich erholen können. Hältst
du bitte beim Laden? Ich muß
Leber kaufen. Das ist die beste
Belohnung, die es gibt. Und mit
Lob darf man nicht knausern."

Am Abend kocht Nina die Leber
und schneidet sie in kleine Stücke,
die sie in Plastiktüten legt. Jullan
sitzt auf dem Küchenboden und
bettelt mit schiefgelegtem Kopf.

Die gestromte Katze sitzt hoch
oben in der Linde. Jullan ist nicht
mehr müde. Inzwischen hat sie
im Garten für Ordnung gesorgt.
Die gestromte Katze wird sich
bestimmt vorerst nicht mehr
beim Pfarrhaus blicken lassen.

Am Freitag erzählt der Tierarzt
von Krankheiten.
Nina ist Feuer und Flamme,
als sie heimkommt.
„Er ist wunderbar! Wenn ihr
wüßtet, was er alles aus
Hundemägen herausoperiert hat!
Strumpfhosen, Angelhaken,
Konservendosen. Hunde können
einfach alles verdrücken. Vor allem
wenn sie sich langweilen. Deshalb
muß man sie sinnvoll beschäftigen.
Außerdem hat der Tierarzt Jullans
Körperbau gelobt. Und dann durfte
ich zeigen, wie man Krallen
schneidet. Jullan hat keinen Mucks
von sich gegeben, aber ein paar
von den anderen haben gejault.
Heute war ein wundervoller Tag!"

Am Nachmittag ruft Nina Emma
an, um sie zum Kursabschluß
einzuladen.

Am nächsten Tag ist es soweit.
Heute darf Jullan sich ganz einfach
nicht blamieren. Sie hat zwar
endlich begriffen, daß sie folgen
muß – zumindest auf dem
Übungsplatz. Aber das ist noch
keine Garantie dafür, daß sie das
auch heute tun wird.
Für Erziehung hat Jullan immer
noch nicht allzu viel übrig.

Aber jetzt will sie offensichtlich zeigen, wie tüchtig sie ist. Immer wieder wirft sie Nina erwartungsvolle Blicke zu, während sie neben ihr hinter den großen Hunden hertrabt. Sie achtet darauf, daß sie sich direkt neben Ninas Beine hinplumpsen läßt, wenn sie sitzen soll. Und hält immer schön genau den Takt, wenn Nina schneller oder langsamer läuft.

Ab und zu leckt sie sich das Maul.
Nina ist offensichtlich großzügig
mit den Leberstückchen.
Ganz besonders süß ist sie, als
sie regungslos liegen bleibt und
den Blick unverwandt auf Ninas
Rücken heftet, während Nina
ans hinterste Ende des Platzes
verschwindet. Jetzt könnte Jullan
wirklich die Gelegenheit nützen
und sich austoben. Hoffentlich
merkt Emma, daß der zottige

Hirtenhund gar nicht so gut folgt.
Er steht einfach auf und kratzt sich
nachdenklich am Bauch, bevor er
davontrottet und an einem Baum
das Bein hebt.
Nach einer kurzen Pause müssen
die Hunde auf die Hindernisbahn.

Sie sollen zeigen, was sie gelernt haben und wie gern sie das alles machen. Es gibt deshalb keine geordnete Vorführung, sondern freiwillige Übungen und Spiele.

Jullan fegt voller Eifer und Energie umher. Sie fliegt über Balkenhindernisse und Tore. Sie stürzt auf das hohe Klettergerüst hinauf, das wie ein großes A aussieht.

Mutig, aber mit Vorsicht kriecht sie
über das schmale Brett am Balance-
Hindernis.
Beim Tunnel streikt Jullan jedoch.
Er besteht aus einer langen Röhre

aus Plastikgewebe mit steifen runden Öffnungen. Erst als Nina am anderen Ende mit einem Stück Leber lockt, krabbelt sie zögernd hindurch.

„Das müssen wir daheim mit
ihr üben", ruft Emma vom
Zuschauerplatz herüber.
Das Slalomhindernis besteht aus
vielen Stöcken, die hintereinander
aufgestellt sind. Damit kann Jullan
nichts anfangen. Aber auch die
anderen Neulinge können das

nicht. Das hat nichts zu bedeuten.
Dafür ist der Autoreifen Jullans
große Nummer.
Wie ein Zirkushund schießt sie
durch den Reifen. Vor und zurück.
Bis Christian und Susie
die Vorführung beenden.

„Das hätte ich Jullan nie
zugetraut", sagt Vater hinterher.
„Warum denn nicht?" sagt Emma.
„Wenn Jullan tüchtig ist, dann ist
sie supertüchtig. Das weiß doch
jeder!"
Nina lächelt und drückt stolz ihre
Jullan an sich.